殷墟

中国文化知识读本

Zhongguo Wenhua
Zhishi Duben

主编　金开诚

编著　魏永康

吉林出版集团有限责任公司
吉林文史出版社

图书在版编目（CIP）数据

殷墟 / 魏永康编著 . 一长春：吉林出版集团有限
责任公司：吉林文史出版社，2009.12（2022.1 重印）
（中国文化知识读本）
ISBN 978-7-5463-1580-5

Ⅰ . ①殷… Ⅱ . ①魏… Ⅲ . ①都城 – 古城遗址（考
古） – 简介 – 安阳市 – 商代 Ⅳ . ① K878

中国版本图书馆 CIP 数据核字（2009）第 236859 号

殷墟

YIN XU

主编／ 金开诚　编著／魏永康

责任编辑／曹恒　崔博华　责任校对／梁丹丹

装帧设计／曹恒　摄影／金诚　图片整理／董昕瑜

出版发行／吉林文史出版社　吉林出版集团有限责任公司

地址／长春市人民大街4646号　邮编／130021

电话／0431-85618717　传真／0431-85618721

印刷/三河市金兆印刷装订有限公司

版次/2009 年 12 月第 1 版　2022 年 1 月第 3 次印刷

开本／650mm×960mm　1/16

印张／8　字数／30千

书号／ ISBN 978-7-5463-1580-5

定价／34.80元

关于《中国文化知识读本》

　　文化是一种社会现象，是人类物质文明和精神文明有机融合的产物；同时又是一种历史现象，是社会的历史沉积。当今世界，随着经济全球化进程的加快，人们也越来越重视本民族的文化。我们只有加强对本民族文化的继承和创新，才能更好地弘扬民族精神，增强民族凝聚力。历史经验告诉我们，任何一个民族要想屹立于世界民族之林，必须具有自尊、自信、自强的民族意识。文化是维系一个民族生存和发展的强大动力。一个民族的存在依赖文化，文化的解体就是一个民族的消亡。

　　随着我国综合国力的日益强大，广大民众对重塑民族自尊心和自豪感的愿望日益迫切。作为民族大家庭中的一员，将源远流长、博大精深的中国文化继承并传播给广大群众，特别是青年一代，是我们出版人义不容辞的责任。

　　《中国文化知识读本》是由吉林出版集团有限责任公司和吉林文史出版社组织国内知名专家学者编写的一套旨在传播中华五千年优秀传统文化，提高全民文化修养的大型知识读本。该书在深入挖掘和整理中华优秀传统文化成果的同时，结合社会发展，注入了时代精神。书中优美生动的文字、简明通俗的语言、图文并茂的形式，把中国文化中的物态文化、制度文化、行为文化、精神文化等知识要点全面展示给读者。点点滴滴的文化知识仿佛繁星，组成了灿烂辉煌的中国文化的天穹。

　　希望本书能为弘扬中华五千年优秀传统文化、增强各民族团结、构建社会主义和谐社会尽一份绵薄之力，也坚信我们的中华民族一定能够早日实现伟大复兴！

目录

The Cradle of Chinese Writing

一　一片甲骨引发的故事

暴君商纣王像

（一）失落的文字

《史记》中记载，商部落诞生于公元前
17世纪，第一个首领叫做契。契的母亲不
小心吃了一种不同寻常的燕子的蛋，结果
怀孕生子。这不禁使人想起有关古代人类
族群起源的传说，在埃及，传说法老正是
通过其母亲和太阳神之间的非肉体关系而
降生的，所以法老自称为太阳神之子。他
们之所以这么说，无非是为了宣扬"王权
天授"，为自己的统治地位的合法性寻找
根据罢了。

在民间传说中，商朝最后一个国王叫
做辛，被后人称为纣王。他为了享乐，命
令臣下修建了许多豪华的离宫别馆，在里

夏商时期铜爵

面饲养了无数的珍禽异兽；每夜都和其宠爱的妃子和臣下举行舞会，在宫殿内挖掘池子，盛满琼浆玉液，柱子上都挂满了各种各样的肉干，饿了吃肉，渴了饮酒，被形象地称为酒池肉林；男男女女裸奔其间，游玩嬉戏，不舍昼夜……商王特别信奉鬼神，凡遇事，不论大小，都要占卜以问吉凶，然后作出决策；为了表示对天地与祖先的敬仰之情，要定期或不定期地举行隆重的祭祀仪式，每次祭祀都要杀掉上百个奴隶。

这个奇特的王朝曾经确实存在过。两千多年的时光里，中国人对自己的历史深信不疑，也没有一个人怀疑过《史记》的真实性。

但是，在一百年前，却没有一个外国学者承认中国有一个商王朝的存在，更不用说上下五千年的悠悠历史了。他们的理由很简单，因为在考古学上没有发现过商王朝的文字，所以光凭史书记载则不足为据。按照西方考古学理论的观点：城市、文字、国家等是一个文明存在的基本标志，而没有文字与考古发现作为佐证，则后世史书中所记载的一切都只能视为传说。西方最早明确提出疑义的是19世纪晚期的美国学者摩尔根，他在《古代社会》一书中断言中国文明只能上溯到公元前七八世纪。因为直到公元前841年，中国才有确切纪年

商代灰陶鬲

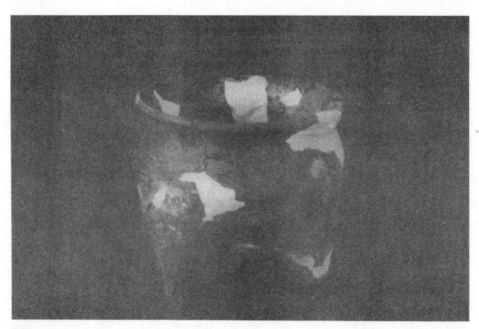

殷墟

商金文　　　　　　　　　商陶文

金文和陶文

的历史。摩尔根的论调在西方史学界乃至社
会上都得到了大多数的认同。

　　没有发现商代的文字，中国在公元前 8
世纪以前的历史就变得模糊不清，真伪难辨。
这主要是由于当时的旧中国，国力不振，在
世界上处于受欺负的地位，而西方却牢牢地
控制了整个世界的话语权，一切理论和价值
观念都以西方的标准为标准。就这样，眼睁
睁地看着从仰韶文化、龙山文化到周秦之间
近三千年的历史被人为地抹掉了。

　　我们也许会发出这样的疑问：周代的文
字是金文，那是一种相当成熟、体系规范的
文字，在它之前肯定有一个文字发展、演化

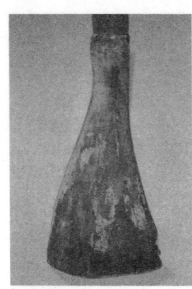

甲骨最初被当做"龙骨"入药

的过程，即使暂时没有发现商代的文字，也不能抹杀这一点。但是，别忘了话语权在人家手里，有口难言，有理也难辨。但很多中国旧式知识分子却深深地明白，没有发现这一时期的文字的踪迹，并不能代表它们不存在。他们在强烈的自尊心的驱使下，在故纸堆中寻寻觅觅，期待着石破天惊的一刻！

（二）龙骨的传说

几百年来，中国的中药铺中一直流行着一味奇怪的药，它是远古时代大型脊椎动物的骨头化石。这些化石带有远古时代生命的信息，又经千百万年地下埋藏，摄取和凝结了泥土、岩石中的许多微量元素，药用价值自然不菲。古代医药学家很早就用它来治疗虚弱症，据说效果奇佳。由于发现的古化石十分稀少，其功效在古人心目中又显得很神秘，所以古中医便为这味珍贵的良药起了个尊贵的名字——龙骨。

"龙骨"最早是在东汉医圣张仲景的《伤寒杂病论》中被列入方剂。成书于魏晋之际的《本草》也列有"龙骨"。之后，南朝陶弘景的《注本草》和《名医别录》，北宋沈括的《梦溪笔谈》等，都对中药"龙骨"

农民在耕种时无意挖出许多骨头，上面刻有许多无法辨识的道道儿

做过或多或少、或详或略的解说。最为详细、准确地记载了"龙骨"的药理功用的，当属明代药物学家李时珍所著的《本草纲目》，记载"龙骨"的药用价值有：治男子阴虚、女子漏下、小儿惊痫、伤寒痢疾、老疟腹泻、创伤出血等六十多种疑难病症。

后来，在这个故事开始的地方——小屯，当地的农民在春秋季节进行耕种时，经常从地下翻出一些奇怪的骨头来，这种骨头既不是人骨，也不像一般的牲口骨头，有些骨头上还有横七竖八、无法辨认的刻痕。村民将它们顺手扔到田埂上。田埂上积得多了，耕作时也嫌碍事，于是一堆堆的骨片又被扔到河岸上。有些人用骨片来填枯井或将其垫在路上的坑凹处。也有人把骨片捶碎了，掺上人粪尿撒在田中做肥料。虽然不知是何物，但时间一长，小屯村人也就见怪不怪了。由于这种骨头的原料主要是龟甲和牛骨，又在地下埋藏了相当长的时间，有的已经变得有点像化石了，于是就有村民把这种随处可见的古骨误认为是"龙骨"。

关于村民把这种翻耕出来的古骨当做龙骨，还有一个广为流传的故事：

小屯村里有个剃头匠，名字叫李成。据说他有一年生了一场病，先是患疟疾，受了一阵子罪，疟疾过去了，身上却又长

殷墟发掘出大量的甲骨片

殷墟

满了脓疮，奇痒无比。李成听了村里一个读书人的建议，到村外河边捡了些骨片，研了些骨末撒在脓疮上，竟然见效，不仅止住了脓血，皮肉也很快恢复了原样。从那以后，李成的剃头挑子上多了一个装骨末的箱子，给顾客止血，同时还沿街叫卖这种"刀尖药"，为人治疮止血。药铺掌柜也认为这神奇的玩意儿可能就是中药里少见的一味："龙骨"。于是，药铺开始收购这种骨片。

甲骨

　　这事就这样慢慢传开了。"龙骨"成为了小屯村民的一项生计。大多数村民在农闲时都搜罗"龙骨"。碎的用钢锉打成细粉，用作刀尖药，医治破伤出血等。一般是到庙会上摆地摊，价钱不固定，随行就市。大一点儿的成形骨片儿，聚拢来卖到城里的中药铺。碰上骨上有刻痕的，也不以为怪，认为是天然长就，但药铺不大喜欢收，村民就用刀、锉把刻痕磨去或刮掉。后来药铺见得多了，也就收购进来。药铺的"龙骨"积得多了，就派人把成袋的"龙骨"运到更大的中药材批发市场上去交易。小屯"龙骨"就这样发散到全国各地。

（三）神秘的刻符

　　19世纪末期，中国的中药界出了一件

甲骨文发现者王懿荣

怪事。这件事的主角非比寻常。他是满清王朝的一位显贵，官拜国子监祭酒，相当于现在的教育部部长。他不仅位高权重，而且还是当时有名的历史学家和古文字学家，金文鉴定领域的第一号人物，此人姓王，名懿荣。

这位王老先生也许是上了年纪的缘故，身体的抵抗能力也减弱了不少，居然患上了疟疾。那时的西医虽已传入中国，而且这种症状在西医中只算小病，但不是每个有钱人家都喜欢请西洋医师的，传统的中国人还是用传统的方法——中医来治疗。所以王老先生就派人到经常光顾的那家老

王懿荣像

王懿荣纪念馆

字号——达仁堂中药店去抓药。据传王老先生精通医道，每次抓的药都要亲自过目，然后才送去熬煎。这次，他照例把药拿来一一玩味。当验到一味叫"龙骨"的中药时，他忽然眼前一亮。

原来他发现了这些骨头上未被刮削干净的刻画痕迹，这些刻画引起了他浓厚的兴趣。经仔细辨认，上面的痕迹是一些似字非字的刻画符号。对中国古文字研究有深厚功底的他，认为这"龙骨"上的字迹与他自己正埋头研究的铜器铭文相差无几。惊叹之余，遂断定此物来历不凡，于是他派家人到城中大小药店把所有"龙骨"都

河南安阳殷墟博物苑甲骨文

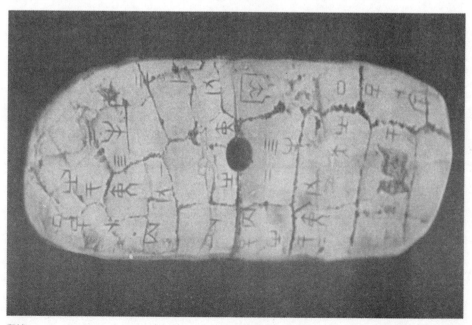

殷墟

买了回来。这样，几天之内，他已搜集到二百多片"龙骨"。在大量的"龙骨"上，王懿荣看到了更多的似小篆非小篆、类金文又异于金文的刻画字符。经过反复揣摩研究，最终断定这是早于金文而属于殷商时代的一种文字，从而使甲骨文重见天日。

这个故事最初还仅仅是一个传说。到了1931年，有一个化名为"汐翁"的人，将这个故事加工为：王懿荣抓药回家，逢好友刘鹗正在其家，此君为清末著名小说家，《老残游记》的作者，是他偶然看到了药的成分，并惊讶地发现其中有一味叫"龙骨"的龟板上有一些奇形怪状的、好似天书的刻画符，

刘鹗像

一片甲骨引发的故事

刘鹗故居

疑为古代文字并告诉了王懿荣。此人还把这个故事写成了一篇题为《龟甲文》的文章，发表在北京出版的《华北日报》上，文章写得生动具体。这样一来，关于甲骨文发现的描述就成为有文字依据的事实了，至今仍为不少中外著作所引用。正因为这个故事有情节，也有趣，所以才久传不衰。但"汐翁"为何许人，为什么要用化名，他的根据又是什么，没有人知道。

通过历史研究，相关细节已得到澄清。当时的达仁堂在菜市口，而王懿荣在王府井一带的四眼井锡拉胡同，与宣武门外菜市口隔着皇城，不能穿行，而步行要走一天，王家没必要走那么远买药。根据老中医药

店的人讲，中药店按药抓出的"龙骨"都已
捣成粉或颗粒，根本不可能在上面发现文字。
又根据过去的调查及小屯村农民回忆，当年
卖给中药店的甲骨都是无字的，有字的要刮
去才能卖掉，只有极少部分可能有刻画符。
那么，带字的甲骨究竟是怎样被发现的呢？
发现者又是谁呢？

（四）古董商的背影

中国人喜爱收集古董，古董业在唐宋时
期就盛行于世，宋朝的皇帝宋徽宗，仅古代
青铜器就收藏了一万余件，可见其对古董的
喜爱程度。今天北京的琉璃厂，依然是人们
品评购买古董的胜地。每个城市都有正式或

古董为许多人所喜爱

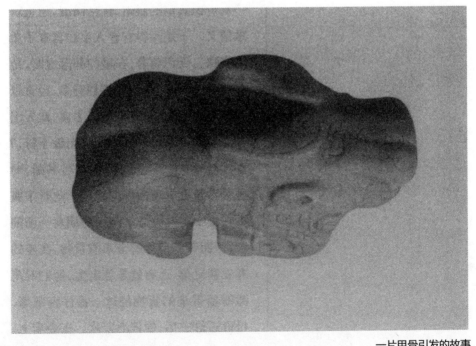

非正式的古董交易的地点。

山东潍县，自清末以来就是我国著名的古董集散地，当时被人们称为"东估"。在这个地方有不少小有名气的古董商人，他们活跃在大江南北，搜罗各种奇珍异宝。常年的奔波使他们见多识广，使他们对古代遗留下来的东西有一种莫名的敏感直觉。

1898年夏末，一位行色匆匆的旅人正在通往天津的驿道上奔忙。他叫范潍卿，就是刚才提到的山东潍县的古董商人。范潍卿从事古董生意已有多年，练就了一双辨识真伪的眼睛，性格圆滑，但也讲求信义，于是深得官宦人家和富家子弟的青睐。天色将暮，在城门即落之时，范潍卿方才入城。他不顾旅程劳累，径直赶往一座深宅大院。院主姓王名襄，此人出身于科第世家，自幼讷于言而敏于行，7岁读私塾，求学之余，喜好金石书画，对各种古董更有着浓厚的兴趣。此时王襄正在家中与几位志趣相投的朋友一面闲谈，一面等着范潍卿带来的货物，在座的有王襄兄弟，还有孟定生。他们对范潍卿新带来的货物仔细观摩、讨价还价之后，便把酒言欢。在酒席上，范潍卿说起他在河南某地见到田地里出土刻

山东潍县自古便是著名的古玩集散地

字古骨，被村民当做药材"龙骨"卖到中药店中，有些古骨呈条状，上面的刻画既像是字，又不同于金文字，自己不知道是不是古董，没敢收购。这时，孟定生说："这东西可能是古代简册。"并希望他下次再来时带些来看看。王襄也在一旁附和，催促他回河南代为访求。以便下次能带点实物过来看看。范潍卿一看有机会得到好处，机会不容错过，当然满口答应。于是就有范潍卿携带龙骨北上的故事了。

第二年秋天，范潍卿为了不违背自己的诺言，携带着从各方收集而来的一百多片甲骨来到了天津，这次他没有像上次一样匆忙

山东潍县城楼

一片甲骨引发的故事

甲骨文渐渐在京城内外古玩界流行

地赶往主顾家，而是在天津老城西门外大街的一个马姓客栈先住下来。这时，可能身在北京的王懿荣认出甲骨文的消息传了出来，范潍卿估计这次的货能卖个好价钱，所以不用像以前那么辛劳了。

王襄闻讯后，赶到客栈去拜会范潍卿。他见到了他们曾认为是"古简"的甲骨片。王襄知道这是与传世墨迹、文献一样极有文物价值的古代契刻，应当妥善保存。但范潍卿的要价很高，较大的龟甲，一般以字计价，一个字一两银子，一块龟甲的价钱往往达十几两。王襄并不是富得流油的读书人，实在买不起这饥不可食、寒不可衣的玩意儿。只能忍痛从中选了些字少价贱的碎片。

有人卖甲骨的消息在天津慢慢传开了，不少古董商、收藏家，也有一些文化人前来观看。但众人多是为稀罕而来，此时见到所谓的"甲骨"，不过是朽蚀薄脆的骨片，不易收藏，又不美观，而且要价太高，都纷纷摇头退出客栈。范潍卿虽竭力推销，可无奈无人购买。

而在这时候，北京城古玩界传出消息，国子监的王大人高价收购带字的甲骨。在利益的驱使下，古董商们纷纷从自己的渠道大量收入甲骨，再转卖给王懿荣。范潍卿看到在天津卖不出去多少，也卖不上价钱。所以就把甲骨一股脑背到北京，全卖给了王懿荣。就这样，不到一年，王懿荣共收购有字甲骨一千五百多片。

谁首先发现甲骨文这个争论不休的话题可以告一段落了，它不是某一个人能单独发现的，它是小屯村民、古董商人和以王懿荣为代表的古代知识分子的共同努力的结果。

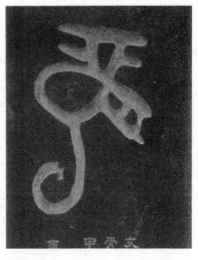

甲骨文究竟来自何方，代表何意，一时间争论不休

（五）来自何方

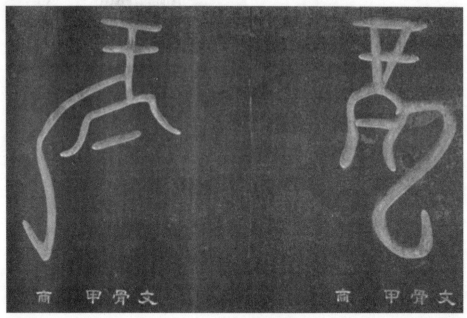

甲骨文

甲骨文发现了，但有一个疑问越来越突出：这些甲骨究竟来自哪里呢？当时学者们并不清楚。因为他们不能绕过古董商，直接从甲骨的出土地进行收购。所以，除了古董商人以外，没有一个人知道甲骨的产地。古董商虽然在发现甲骨文的过程中扮演了重要的角色，但他们始终以赢利为目的。

当时中国北方的古董商主要有北京、山东两派。京派古董商大多都是为某些官宦人家采办古董，他们有钱有势、养尊处优、服饰华美，一般住在旅馆中，派出小伙计与当地古董店或联络人联系，坐等人拿古

古董商们闪烁其词，不说出甲骨文的真实出土地

董来卖。而像范潍卿一样的山东估客却不然，他们生活得较为清苦，到某处去，一般是晚上住在条件较差、价钱便宜的小客店中，白天出门走村串户，人称"跑乡"。他们多是靠自己的钱直接从物主手中采买古物，到手后再转卖，有时候能挣到不少钱，但也有不挣钱的时候。所以当他们发现了这种古骨居然能被人高价购买时，为了独专其利，便切断了有关甲骨来源的一切信息，不肯告诉收藏家甲骨的出土地。在买家不断地追问下，古董商便闪烁其词，说出了甲骨文出土地的大概地点来搪塞。后来不得已，就声东击西地说出一些错误地点来蒙骗收藏者。他们生

怕这些买家自己派人去收购土地，抢了生意，夺了他们的饭碗。他们甚至对同行也不说实话。

早期的甲骨收藏家，也多是坐在家中等候估客上门求售，没有下乡去出土地察看的。他们大都相信了古董商们的谎言。所以一时间，关于甲骨出土地有许多相互矛盾的说法：有河南汤阴说，河南卫辉说，河南洛阳说，还有河南朝歌说等等。

不过，这种谎言也让学者的目光开始关注河南，这个地方是古代的中原，夏商王朝都曾活跃在这里。而古董商人提到的朝歌，正合司马迁在史书中记载的商王朝

商代青铜器

殷墟

的都城，商朝最后一个国王纣王也死于朝歌。由于过去没有文字作为信史，所有关于商王朝的一切只能视其为传说。如今，甲骨出土的地方与商代活跃区域相合，这给探索中的人们带来了一种新的希望，它很有可能是比金文古老的文字，形成的时间非常接近商王朝存在的历史岁月。

因此，有许多甲骨收藏者赶往汤阴与朝歌收购甲骨，但是，无论怎样费尽心机的打探，都是失望而归。这两个地方从未出土过甲骨，而且当地人连甲骨这个名词都从来没有听说过。可见，所谓汤阴与朝歌出土甲骨的事，便不攻自破了。也就是说，这些甲骨

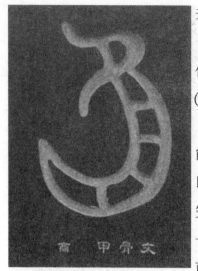

王懿荣推断甲骨上契刻的图形很有可能是一种失传已久的象形文字

并非来自传说中商代晚期的都城。

就这样，虽然甲骨文已经面世很久，但却一直不知道它的确切出土地。

（六）从文字入手

王懿荣推断甲骨上契刻的图形很有可能是一种古老的失传已久的象形文字，所以他购买了大量的甲骨，以便于深入地研究。正当真相逐步揭开之际，中国发生了一场历史巨变。1900年，义和团运动爆发，西方八国列强组成联军一齐侵略并攻入北京。无计可施的光绪皇帝与慈禧皇太后仓皇逃离北京，一个民族的悲剧拉开了序幕。

当听到列强入侵中国的消息，年迈体衰的王懿荣弃文从武，回山东协办团练，后又出任京都团练大臣，招募和训练了数千名乡勇以求保家卫国。清政府的正规军都无法与洋军抗衡，更何况这一点点准军事力量，其结果是不言自明的。在得知北京陷落、帝后逃亡的消息后，身为京城团练大臣的王懿荣见大势已去，携带家人投水自尽、以殉国难。令人遗憾的是，如果他不是这么早的死去，也许神秘的甲骨能够告诉后人更多的故事。

王懿荣殉国后，家道中落。其后人为

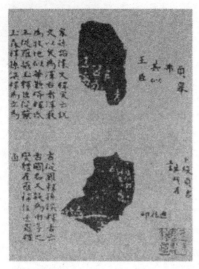

《铁云藏龟》

了还债，便把他平生收藏的甲骨卖给了其好友刘鹗。文学造诣颇为深厚的刘鹗也开始了对甲骨的研究。与刘鹗一起共事的还有情趣相投的好友罗振玉，也是一位功底深厚的古文字学家。罗振玉一接触到甲骨文字，即对这门新学问表现出浓厚的兴趣。直觉告诉他，这些小图案的背后一定隐藏了某些深刻的含义。

由于甲骨数量稀少，价值不菲，许多古文字爱好者们苦于囊中羞涩，无力购买。为了更快地破译甲骨之上的秘密，同时也是为了更好地珍藏原物，在罗振玉的鼓动下，刘鹗决定把手中所藏甲骨珍品一千多片墨拓后石印出版。这就是现在大家也能见到的关于甲骨的第一本著述《铁云藏龟》。

罗振玉和刘鹗在《铁云藏龟》一书的序言中阐述了他们对甲骨图案的大胆推测，他们认为，刻印在甲骨之上的绝非他物，而是失传已久的文字。并推断甲骨之上的文字为"殷人刀笔文字"，意指商朝的人用刀刻在骨片上的文字。罗振玉本来以为《铁云藏龟》一经发表，必然会在学界引起轰动，应者云集，让他意想不到的

关于甲骨的第一本著述《铁云藏龟》

是，学术界并没有出现关于甲骨文的热烈讨论。《铁云藏龟》就好像一颗掉进大海中的石子，没有激起任何涟漪。相反，倒是有了不少反对的声音。

当时颇有名望的国学巨擘章太炎首先对罗振玉发难，他在学术界里是一言九鼎的人物，他的批评并不客气，其文章说：人死后骸骨入土，从来没有听说过历经千年而不化为灰尘的，龟甲与人骨一样都是速朽之物，莫非它们就是灵物，可以传千年而不腐烂么？中国的古文献浩如烟海，为什么没有一部书中提过古人用龟甲来刻文字呢？

章太炎的疑问丝丝入扣，就是罗振玉也不能回答这些问题。章太炎的坚持反对成为

国学大师、甲骨文专家罗振玉

学术界中很有力量的一种声音。一时间，关于甲骨的真相又开始扑朔迷离。甲骨是不是古董商为了牟利而设计的骗局呢？为了解决这个问题，必须要找出甲骨文的真正出土地。

（七）来自小屯

面对学术界的种种发难，罗振玉决定找出事实的真相。他认为，一方面要对甲骨文本身进行研究，另外一个重要的问题就是要寻找到甲骨的真正出土地，再结合出土地的历史沿革，才能揭开它们身上的巨大秘密。

罗振玉在1902年即见到甲骨实物，但

此后相当长的一段时间，他一直致力于甲骨材料的搜求与刊布工作。他从孙诒让《契文举例》那里得了一个教训，认为材料不全，不足以研究，否则结论有可能为材料所限。

直到1909年末，日本学者林泰辅著成《清国河南省汤阴县发现之龟甲兽骨》一文，寄给罗振玉，求其指教。此文援引赡博，议论精当，足以补正罗氏当年为《铁云藏龟》作序时的疏略。这对罗振玉刺激不小。于是，他马上沉下心来，对某些单字进行揣摩、思考，开始了甲骨文字的考释研究。经过三个多月的精心构撰，罗振玉写成了《殷商贞人文字考》一书，在这本书中，罗振玉纠正了

罗振玉对甲骨文进行了深入的研究

一片甲骨引发的故事

包括林泰辅在内的当时所有学者对于甲骨出土地的错误看法：甲骨出土地不在汤阴，而是在安阳小屯，而安阳小屯正是《史记项羽本纪》等文献记载的"殷墟"。

还有另外一种说法，罗振玉在多方了解之后，遇到了研究甲骨的第一个困难：似乎没有一个人知道甲骨到底来自何方。一开始，罗振玉也相信了古董商人们的谎言。但随着搜集的甲骨数量的增多及对甲骨文研究的逐步深入，他开始怀疑甲骨出于汤阴或卫辉的说法。此时的北京，经过八国联军的入侵，京城繁华已逝，但是，这里毕竟还是全国经济政治的中心。罗振

偌大的北京城，甲骨究竟出于何处，一定有人知道

殷墟

罗振玉决定找寻甲骨的故乡

玉想，在这个偌大的北京城里，一定会有人知道甲骨出于何处。于是，罗振玉迁到了北京。经过多方打听，终于探听到一个与此事密切相关的人，那就是当年第一个把甲骨出售给王懿荣的人，也就是范潍卿。解铃还需系铃人，甲骨到底出于何方他一定会知道。但这时的北京城百业萧条。在大乱之后寻找一位古董商人确如海底捞针一般。

经过多次寻访，罗振玉终于找到了范潍

河南安阳小屯是甲骨文真正的出土地

卿。没有人知道罗振玉是如何说服范潍卿的，他让范潍卿做了一件绝对违反行规的事——把货源直接告诉买家。罗振玉了解到，甲骨根本不是出于河南的汤阴与朝歌，那些地点只是古董商人为牟取暴利而采用的障眼法。

真正的出土地在河南安阳小屯，一个长期以来被古董商人有意掩藏的秘密最终大白于天下。这个消息从此传遍开来，人们的目光开始转向了这个神奇的地方。可是，安阳真的能揭开甲骨上沉睡千年的秘密吗？

二 向恢弘古邦迈进

（一）殷墟的确定

甲骨文跨越时空的隔阂，再一次现身于世人的眼前，它们到底会为人们揭示一个什么样的秘密呢？

罗振玉在弄清了甲骨文的出土地在河南安阳小屯村的第二年。他便派人前往安阳，继续采掘甲骨。另外，他也全力着手进行关于甲骨文的研究。1910年，罗振玉根据自己的解读，断言甲骨应该是商朝的遗物。但直到1914年，四年的时间过去了，甲骨文对当时的学者来说，几乎还是读不懂的天书。当时的国学泰斗章太炎对甲骨文字的研究非常不屑，在他的心中关于甲

章太炎像

殷墟

章太炎故居

骨文的解读不过是一小撮文人雅士沽名钓誉的做法。而和章太炎观点一致的学者，当时不在少数。究竟孰是孰非，简单的"口水战"已经完全没有意义，真相就隐藏在甲骨上的文字之中。

罗振玉认为不能简单地在字形上加以推断，而应该把这些来自远古的信息解读出来，知道它们究竟说的是什么。与他同行的还有一个人，这个人后来成为中国学术界的一代宗师，他叫王国维。他原本研究哲学、教育和美学，对叔本华的唯意志论和尼采的超人学说也都有所涉猎。1911 年王国维与罗振玉一起东渡日本，受罗振玉影响，转攻经学、

向恢弘古邦迈进

小学和史学。1914年王国维帮助罗振玉整理和校订《殷墟书契考释》，从此对甲骨文产生了浓厚的兴趣。

王国维与罗振玉要做的第一项工作是认字，对于这些奇怪的文字，他们要一个字一个字地去攻破。这项工作并不容易，这些奇怪文字背后的含义，就像一个个竞猜的谜题，破解失传的文字，本身就是一项坚苦卓绝的工作。甲骨因为年代久远，很多是以小块的形式出土，王国维从几千片甲骨的小片中找出属于同一块甲骨的粘合在一起，形成能够读通读懂的大段文字。先从字形分析出许多字的含义，然后把这

王国维像

殷墟

些字带入到不同的句子中，看看是否能够把句子通顺地读下来。

罗振玉与王国维的工作就这样进行了很长一段时间，几乎面临陷入停顿的危机。就在此时，一个看上去极为简单的甲骨文字映入了他们的眼帘，这个字乍看之下毫不奇怪，它在今天的中国字中念作"十"，是一个出现频率相当高的文字，在很多甲骨片上都有这个字的存在。罗振玉与王国维注意到，在这个字的后面还有另一些频繁出现的文字。从外形上看，这些字并不复杂，它们很像是中国古老的纪年方式——天干中的文字：乙、丙、丁。如果这几个字是乙丙丁，那么作为天干的第一个字"甲"在哪里呢？罗振玉认为，这个看似"十"的文字并不是后来意义上的"十"，它也许就是天干中的"甲"，只是在那时，甲字的写法是没有框的。如果真是这样，把这些字连起来读就是天干的"甲乙丙丁"。但是，这个设想还要有其他的证据来支持。当他们继续串联甲乙丙丁之后的文字时，罗振玉与王国维突然茅塞顿开。原来，在这甲骨之上契刻的不是别的，而是清清楚楚的古老纪年历——

王国维和罗振玉在研究中发现，这些刻字像是中国古老纪念历上的文字

甲骨文并不复杂，有些字重复出现，这引起了罗、王二人的注意

天干表。这十个文字，正是中国人熟悉得不能再熟悉的甲、乙、丙、丁、戊、己、庚、辛、壬、癸。可是，这种古老的纪年方式为什么会在甲骨上频繁出现呢？天干表的发现，成为破解甲骨文的肇端。

他们自这些甲骨中，发现了许多奇怪的名字。这些人名有一个共同点，每一个名字的最后一个字都是天干。这些名字是：大乙、大丁、外丙、祖乙、庚丁、武丁、帝辛……这些人决不是平常之人。经过王国维的仔细考证，原来他们就是《史记》中司马迁笔下的商王。从此商王朝的秘密昭然若揭。

看来，《史记》中描述的王朝并非是虚无的，商王们全部以天干为名，真实地生活在三千年前的岁月中。甲骨文，正是三千年前失落的古文字，这些文字反过来也证明了商朝的存在。商王朝，并非是传说中的亚特兰特斯，而是一个曾经存在后来又消失的古老王朝。

（二）探索者的脚步

就在学术界开始认识到甲骨文的重要性，并对探寻商文明产生浓厚的兴趣时候，对甲骨文研究有突出贡献的两位

王国维故居

大师却选择了各自不同的命运。罗振玉追随逊帝溥仪，成为伪满洲国的重要人物，之后，他专心政治，在学术领域上的建树日渐减少。而王国维在颐和园的昆明湖投湖自尽，给后人留下一个难解的谜。他们的命运与甲骨文的研究息息相关，然而，最有希望破解这一秘密的两个人却都无法再继续进行研究，不能不说是史学界的一大憾事。

1927年，中国刚刚结束了内战，新的政府建都南京，实现了形势上的大一统，一切百废待兴。第二年，国民政府中央研究院历史语言研究所成立，筹备之初，请了一个三十出头的年轻人任通讯员，他叫董作宾。董作宾是河南人，1922年曾入北京大学研究

仰韶文化人面鱼纹彩陶盆

所国学系，从师于甲骨文大师王国维。他聪明灵俐，勤奋好学，仅几年的时间就已经成长为研究甲骨文的一流学者。

中央研究院甫一成立，首先想到的就是对出土甲骨文的河南安阳进行现代意义上的科学考古工作。在过去的中国没有西方意义上的考古学，这些都是近代传入中国的。到 1921 年，中外学者共同参与了对河南渑池仰韶新石器时代遗址的研究。1927 年对北京周口店"北京猿人"遗址的科学发掘，使考古学在这段时期内炙手可热。

清末民初那段长时间的私挖乱掘，使小屯村及其附近沟壑纵横。到了 1928 年，包括罗振玉在内的学者、收藏家、古董商，均认为地下的宝藏已空，就连当地的村民们也失去了掘地三尺的兴趣。小屯村还能有带字甲骨出土吗？这里的地下还会有什么未知的秘密吗？

1928 年 8 月 12 日，董作宾独身一人带着种种疑问，前往安阳进行实地考察。还能不能挖到甲骨，董作宾也没有答案。这里依旧在做着甲骨贩卖的生意，普通村民手中，还有不少甲骨等待出售。在洹河岸边，董作宾发现一些新挖掘的大坑，坑边还有一片被丢弃的无字甲骨。种种迹象表明，地下还存在着未被挖掘的甲骨。经过明察暗访、走街

殷墟王陵遗址祭祀坑

向恢弘古邦迈进

安阳殷墟博物苑

串户，董作宾确定小屯村这片古老的地层下面仍然埋藏着数量不明的甲骨，为了防止珍贵文物的流失，董作宾毅然决定，建议中央研究院对安阳展开挖掘工作。看到董作宾的汇报后，历史语言研究所所长傅斯年火速上报中央研究院，蔡元培院长立即特批银元一千块用来对安阳进行挖掘。

安阳，又一次吸引了全世界的目光，中央研究院的这次行动也预示着中国科学考古时代的到来。然而，对甲骨文的再次挖掘能够寻找到消失的商王朝的踪迹吗？

（三）初次发掘

1928 年 10 月 13 日，在董作宾的领导下，中国第一次科学田野考古挖掘开始了。发掘地点选在村北、村中及村东北洹水岸边处。考古队设计了"轮廓法""集中法""打探法"等现代考古学中的作业方式，但由于考古队员完全没有实际工作的经验，没有掌握科学地质学的原理，所以没有太多的发现。在气候与失败情绪的影响下，考古队员开始变得沮丧，作为考古队长的董作宾，压力也越来越大。于是，董作宾决定另辟蹊径。

殷墟圆形祭祀坑

董作宾认识到，要想挖到甲骨，必须请求有经验的村民帮助。他经过明察暗访，多方打听，逐渐锁定了几个重要的目标。据说，在村长家对面的菜园里和菜园东墙外的麦场里，经常挖出甲骨。于是，董作宾决定在这几个地方集中进行突破。几天后，挖掘工作移到了菜园里。在考古人员精心的试挖掘之下，人们找到了不一样的土层。这里的土质产生了变化，土层明显变为灰色，而且含有细沙。挖掘人员放慢了脚步，没过多久，大家已经可以确定，这是一片从来没有被人挖掘过的地层。

挖掘人员按捺着心中不断涌现的惊奋，放慢了工作节奏，开始一点点清理着

目前殷墟发现有大约 15 万片甲骨

地层，临近日暮时，突然，一块龟片的一角露出了地面。考古队员的心一下子激动起来。这是董作宾安阳考古以来的第一次重大发现，共出土有字的大龟甲十五片，这十五片龟甲骨质坚实，字迹清晰，实为已经出土的甲骨中不可多得的宝物。

在其后的挖掘中，考古队员不断地总结经验，挖掘工作也越来越顺利。10月 30 日，当第一次考古挖掘结束时，考古队员共发现字甲五百五十五片，字骨二百九十九片，还有不少骨器、玉石器、铜器、陶器等重要文物，这在当时来说，是非常了不起的成就。

但这次发掘除了甲骨以外，没有进一步发现与商王朝相关的证据。罗振玉在对安阳的历史进行研究时，曾遍查古籍，只在《史记》中找到了模糊不清的六个字——洹水南，殷墟上。这六个字到底是什么意思呢？安阳河在古时一直称为洹水，难道说，这条洹水的南边就是盘庚迁都的所在地，人们一直称为殷的地方吗？

（四）继续深入

董作宾第一次考古挖掘工作的成功，使中央研究院决心大力对安阳进行考古挖掘。

1928 年底，当时的教育总长蔡元培聘请李济担任考古组组长，主持殷墟发掘工作。李济刚从美国回来，他 1918 年毕业于清华，随后被派往美国留学，获哈佛大学社会学和人类学博士学位，是受过西方近代考古学专业训练的。在傅斯年的批准下，李济与董作宾达成协议。李济接替董作宾，而董作宾主要负责研究甲骨文资料，李济则研究其他遗物。

李济上任后，共主持了四次挖掘。第一至第三次发掘可以说是试掘阶段，主要是为了在小屯找寻甲骨及其他遗物。由于人员和经费有限，这三次发掘水平不高，挖掘范围偏小，还缺乏分辨复杂遗迹的能力。所以进展也不大，于是李济决定将考古队暂时移师山东，先对济南城子崖遗址进行一个季度的挖掘，看能否换个环境、调整一下思路。在城子崖遗址，考古队员们发现有一圈已坍塌的墙是用夯土建成的。在对夯土进行了仔细审视后，人们惊讶地发现这里的地层与前三次在小屯发掘中出现的地层惊人地相似。经过大家认真思考、积极讨论，最后得出一致结论：小

20 世纪 30 年代殷墟发掘情形

向恢弘古邦迈进

屯村发现的夯土层极有可能是殷墟的建筑基础。

（五）第四次发掘

从第四次起，著名考古学家梁思永先生参加了殷墟发掘团。梁思永是梁启超的次子，刚从美国哈佛大学研究院考古学专业毕业归国。后来成为著名考古学家的石璋如也作为学员参加进来。这样就大大加强了发掘力量，很大程度上提高了田野发掘水平。随着人员和经费的增加，挖掘范围也渐渐扩大，工作方法上也有了较大的改进。大家总结出"卷地毯"的方法，即通过绘制夯土地区图的方法，追寻殷墟中商王朝的建筑基础。并改过去的纵横连坑制为分区发掘，还集中精力于遗迹的研究。

殷墟出土的宫殿宗庙祭品

梁思永脱开了旧思路，率领大队人马转战后岗一个非常靠近铁路的土丘。这是一个重要的、富有想像力的决定，在小屯村北、后冈、四盘磨村等地，考古队员先后发现了一些房屋的基址及夯土围墙。不久，殷都中心区三万五千平方米、五十多座宫殿基址呈现在世人眼前。中轴线布局、左右对称、前朝后寝、错落有致的宫殿建筑，反映了那个时代的最高科技水准，展现了超凡的艺术魅力。在科学挖掘工作的指导下，不久后，专家们得以证实，这些基址正是商王朝的宫殿基址。

（六）来自古墓的信息

1933 年前后，侯家庄附近有人盗挖出大量青铜器和其他珍品，最为出名的三件不知形状、体积颇大的青铜器，立即在古玩市场被卖掉。组织盗墓者一夜之间成了暴发户，消息在安阳不胫而走。梁思永和他的队友也听到了这个消息，经过紧急磋商，考古队采取果断措施，决定集中人力、物力，向侯家庄西北岗进军。

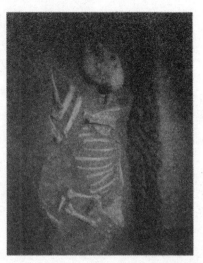

墓穴中的陪葬牲畜

这次发掘所获远远超出了预期：西区四座大墓，东区六十三座小墓，并出土了大量青铜器、玉器以及刻纹石器。在侯家庄西北岗三次发掘中，共发现了一千二百三十二个殷商时期的墓穴。

有九个地下大墓规模宏大，有的大墓甚至深入地下达十五米，其中还有一个明显是未完工的。这些大墓都是南北向略偏东，专家分析应该同商代的族属起源有关。墓室基本呈现长方形或方形。墓道长短不一，短的不足十米，长的竟

向恢弘古邦迈进

然超过六十米。墓底铺有柏木制成的木板，四壁也由木板构筑。木板被涂成红色，上面雕刻了修饰的花纹或彩绘，镶嵌着野猪牙、绿松石以及漆皮。这九座地下建筑应该是殷商晚期国王们的最后居住地。中国人自古讲究"事死如事生"，坐拥天下财富的帝王们自然会用心经营他们在另一个世界的帝国。

安阳殷墟宫殿宗庙遗址文物——酒器

随着挖掘工作的进行，这些巨大无比的大坑逐渐展现在人们的面前，它们是死去商王的大墓。这些大墓，气势恢弘，形制壮阔，面积最大的，可达 1803 平方米，深入地下 13 米之多，从下向上看，很像一个倒置的金字塔。商王的棺椁在其中，两边为殉葬者。这一次挖掘规模空前，它使人们对商王有了更加具体的认识。

这是迄今发现的中国最早的王陵，它给我们留下了世界上最精美的青铜器和最独特的古代文明，也给我们留下了血与火的历史见证。

（七）发掘大纪实

1937 年 7 月，抗日战争爆发，殷墟发掘被迫中止。此后直到 1949 年，在殷墟这片土地上，只有日本人和盗匪的野蛮

安阳殷墟博物馆挖掘的瓦片堆坑

盗掘，科学的考古发掘处于停顿状态。

新中国成立后，政府对文物考古工作极为重视，中断多年的殷墟发掘工作迅速得到了恢复。1950年，中国科学院考古研究所成立,同时重新开始了殷墟发掘工作。此后到1957年，是殷墟考古工作的恢复时期。这时期的考古发掘主要是配合基本建设进行的，次数少，规模也不大。其中较重要的是在1950年发掘了著名的武官村大墓。

1958年，中科院考古研究所为做好殷墟的发掘工作，成立了安阳考古工作队。1959年，又修建了工作站。安阳工作队的建立，为有计划有目的地发掘殷墟，进而加强殷墟文化的研究，起了组织保证作用。这一建制一直延续至今。

1961 年，国务院将殷墟列为第一批全国重点文物保护单位，划出了重点保护区、一般保护区和殷墟外围，面积约二十四平方公里，并制定了具体的保护措施。

1958 年末至 20 世纪 60 年代，殷墟发掘的大量工作主要配合基本建设，在一般保护区和殷墟外围进行，在重点保护区内发掘甚少。通过大量的勘察发掘，发现了不少新的遗址。发现一处大型铸铜作坊遗址和制骨作坊遗址。另外，在高楼庄后岗发现一座圆形祭祀坑，坑内所出土的戍嗣子鼎，有铭文

安阳殷墟博物苑大门

向恢弘古邦迈进

三十字，是殷墟出土的青铜器中铭文最长的一件。

1966 年 6 月"文化大革命"开始后，殷墟发掘工作又被迫停止。1969 年春，殷墟发掘工作才得到恢复。

20 世纪 70 年代以来，除继续配合基本建设，在殷墟一般保护区和外围进行发掘外，围绕学术问题，安阳工作队先后在高楼庄后岗、小屯、侯家庄西北冈等三处重点保护区内开展工作。

1971 年，工作队在后岗发掘带墓道的大墓三座，小墓三十一座，祭祀坑一座。因大墓多次被盗，遗物极少。

甲骨文残片

殷墟

殷墟博物馆石刻

甲骨卜辞

向恢弘古邦迈进

妇好墓

1973 年，在小屯南地发掘出土甲骨五千零四十一片。这是新中国成立后出土甲骨最多的一次。

1976 年，在小屯村西北地发掘了商王武丁的王后妇好之墓。该墓规模不算太大，但未被盗掘，出土器物共有一千六百多件，其中青铜器就有四百六十多件，样式各异、纹饰精美，另有海贝近七千枚。在大量礼器和少数乐器、武器上分别铸有铭文。铭文共九组，以妇好墓的数量最多。这是可与甲骨文相印证并可确定墓主与墓葬年代的唯一的殷代王室墓。此后，又在妇好墓东侧发掘了两座王室成员的墓葬，证明此处在武丁时期可能一度被作为墓地使用。

1975年以后，在侯家庄西北冈对殷王陵进行了大面积钻探和数次发掘。在王陵东区探出祭祀坑250座，发掘了191座；在西区探出120座祭祀坑，发掘了40座，其中马坑30座，并在东西两区各发掘了一座带一条墓道的大墓。通过钻探和发掘，基本弄清了王陵区的大体范围，对大墓的分布状况、大墓与祭祀坑的关系等有了进一步的认识。殷王陵是目前所发现的我国历史上最早的王陵。

1986年，工作队为配合花园庄村民建房，引出了20世纪50年代发现的灰沟的全貌。此沟南北长约1050米，东西长约650米，恰好环绕小屯宫殿宗庙区的西、南两面，而其北、东端与洹河相接。据推测，这条巨大的围沟，就是当时人工挖成的护卫殷王室宫殿宗庙的防御性城墙。

1987年，在郭家庄西南发现了一处较重要的墓。到1992年间，已发掘约200座殷代墓葬。其中160号墓是一座保存较完整的长方竖穴墓，出土随葬器物

殷墟文字长廊

向恢弘古邦迈进

殷墟博物馆王陵区

352 件。1991 年 10 月，在花园庄东 100 多米处发现一个甲骨坑，此坑出土甲骨 1583 片，其他遗物极少，应当是一个专门埋藏甲骨的窖穴。

近年来，殷墟的发掘和研究开始越来越多地借助自然科学的手段，如利用土壤分析和花粉孢子分析来研究殷代的环境与气候，利用人骨鉴定技术来分析当时的人种和人口结构，利用遥感技术来研究殷墟的城址布局和环境变迁等，这都使殷墟的考古发掘与研究取得了新的进展。

三　一个古老王国的缩影

（一）故事开始的地方

在安阳市西北郊的小屯村一带，有一处规模巨大的商代文化遗址，这就是闻名中外的商代后期都城——殷墟。位于河南省安阳市西北洹河两岸，海拔高八十米左右。鸟瞰殷都远郊，地势西高东低，呈阶梯状布展，西倚太行山余脉，山丘连绵，美若画屏，丘陵分南北两大条带，分支向东齐驱；东接华北平原，沃野坦坪，丽如彩锦。洹水自西北经殷墟逶迤向东流去，古代属黄河水系。这起伏蜿蜒的山水，像巨龙一般，仿佛在护卫着这神奇的都城。

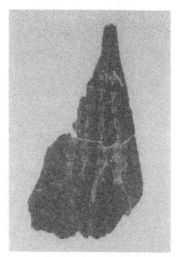

甲骨文四方风拓片

这里在商代后期叫"北蒙"，也称为"殷"，大约在公元前 14 世纪末叶，盘庚从奄（山东曲阜一带）迁都来到这里，一直到帝辛（纣）亡国共经历了八代十二王，273 年。

周灭殷之后，曾把殷纣王之子武庚封在这里，后来武庚叛乱被周公镇压，这里的殷民也被迫迁走。自此，这里就日渐荒芜，成了一片废墟，因此人们就把它叫作"殷墟"。

在汉、唐的文献中还有一些有关殷墟的记载，《史记·项羽本纪》记有："项羽悉引兵击秦军汙水上，大破之。章邯使人见项羽，欲约。……项羽乃与期水南殷墟上。"

但自宋以来，这里一直被误认为是"河亶甲城"。可以说在20世纪以前，关于殷墟的具体地点及范围始终无人知晓。

到明朝万历四年（1576年），这里已称小屯了。明代在中原地区实行屯田时，因这个屯与位于其西两公里的孝民屯相比要小，故名小屯。

直到清光绪二十五年（1899年），有人在安阳小屯一带出土的龟甲、牛骨上发现了文字（甲骨文），其后又有学者从中释出殷王名称十余个。从而证实了这里就是古文献记载的殷墟。

考古工作者在这里先后进行了多次考

安阳殷墟博物苑正门入口处

殷墟

甲骨文涂朱卜骨刻辞（正面）

古发掘。使数十座埋没了三千多年的王室宫殿建筑基址又重见天日，一批殉葬有大量奴隶和无数珍宝的王陵大墓展现在人们面前。还出土了大量的青铜器、玉器、石器和陶器。特别重要的是，出土了十多万片殷代王室占卜时所刻的文字记录——甲骨卜辞（甲骨文）。所有这些文物，对研究中国商代社会的历史都有着非常重要的价值。

　　安阳，展现出一个尘封已久的王朝。也是一个古老王国的缩影。

（二）废墟中的宫殿

　　殷墟宫殿宗庙遗址，是商代后期王都宫殿区遗址。远在三千三百年前的殷商先民对

商魂遗风文峰店

其都城王宫的称谓，在甲骨卜辞中为"兹邑""大邑商"。史册称"殷邑"。殷墟考古发掘的王宫夯土基址及诸多遗迹，规模宏伟壮观，是中国古代土木建筑的杰作。

殷墟考古发掘证实，商代王室宫殿宗庙区的建筑材料主要是由黄土和木材构成，后世习惯称其为"土木建筑"或"土木工程"。它与古埃及、古希腊、古罗马石质宫殿建筑材料相区别，土木建筑，造型庄重，质朴典雅，营建技术和建筑风格具有明显的中国建筑特色。

所谓"土木工程"，"土"主要指夯土术或称版筑术；"木"主要指"柱网结构"。

后人建造的仿殷朝宫殿

建造高大的宫殿，必先要夯实房基，殷墟宫殿夯土地基最厚的达 3 米左右，夯土台基高出地表 1 米左右，并在其四周之上放置石柱础或铜柱础。柱础之上立木柱，并用梁、檩、椽等相互纵横连结，故称为"柱网结构"。网状的梁、檩再与版筑土墙相连，混为一体。房顶椽上盖芦苇编织物，其上置草拌泥，泥上压盖茅草。这样的土木建筑，其高大的宫殿必用深厚的夯土地基，很符合建筑学上的力学原理，土、木、草盖屋，刚柔相间，既可防雨雪，又可保暖，还有一定的抗震作用。此建筑工艺代表了中国古代宫殿建筑的先进水平，并对后世土木建筑业有深远的影响。

当时的先民已有择吉居住的环境意识和宫殿居住区规划的初步理念，并掌握了夯土、版筑、木架结构、日影定向、以水测平和以茅草盖屋等技术。这种土木建筑，在商代是一种综合性的手工业。殷王宫四周虽然未发现城墙，但考古研究认为，王宫的东北有洹水河曲的天然屏障，西南有人工开挖的巨大壕沟，这样洹水可以流入大壕沟，将王宫围在中间，起到"护城河"防御、防洪的作用。

凹字形基址（又名五十四号基址），是近五十年来殷墟宫殿区内最重要的发现。它位于殷墟宫殿宗庙遗址的乙组基址东南，于1989-1996年发掘。三排建筑基址的整体呈凹字形，缺口向东，濒临洹水西岸，构成半封闭状的建筑群。学者研究认为，该基址结构严谨，构思精巧，是中国传统四合院的雏形。这是商代重要的考古发现，它对于研究中国传统的建筑布局模式和民俗文化都有重要意义。这种建筑风俗至今仍在一些城镇乡村流传延续。

（三）崇帝敬祖

古代建宗庙还要向"祖先""上帝"等神祀，如乙七基址和其南的大型宗庙区

凹字形基址

殷墟

古代宗庙遗址

祭祀场，地下遗存非常丰富，规模宏大，气氛肃穆。

甲骨文中记载的神话较多，殷人认为上帝有至高无上的权力，雷、雨、风、云等自然神都是上帝的使臣，上帝还能主宰人间的吉凶祸福。如甲骨卜辞中记载：上帝命"令雷""令雨""令风""降旱""降祸""降永"（降福佑）"降若"（顺利、吉祥）等，这意味着上帝掌管着大自然的风云雷雨和"社"（山川土地）诸神，决定着水旱涝灾和农作物的丰歉，人世间的灾疾吉凶，包括殷王建造都邑、出师征伐等方面的事情，都要祈求上帝的许可。甲骨学者研究认为，商代"上

甲骨文祭祀狩猎涂朱牛骨背

帝"的出现不是偶然的，这是和奴隶制帝国的强盛、王权的集中相适应的。当地上出现了至高无上的人王时，天上也就会出现高居于诸神之上的主神——上帝。

甲骨文中的上帝神话崇拜，随着时间的推移，演化为天地崇拜。古人还将天地拟人化，认为天地是有意识、有知觉、能监视、能赏善罚恶的。古代天文学家称北极星为"天心"，古称天的威灵为"天威"，称天的四季变化为"天职"。地上的社神，后世称"土地爷"，可以"升天达地"，安阳市小屯村古老的"五圣庙"里有"土地爷"，即是古代社神崇拜习俗影响的例证。又如古代称皇帝、国王为天子，其仪容为"天表"，其宫殿为"天阙"，其听闻为"天听"。道家称顺自然之道的人为"天人"，人年五十称"天命"，人的自然年寿称"天年"，人本来的良知称"天良"，自然法则为"天理"，古称不居官位，但因德高而受人尊敬者为"天爵"。

殷人崇拜祖先，除在甲骨卜辞中有记载外，还被殷墟考古发现的大量祭祀祖先的遗迹所证实。乙七宗庙祭祀场就是殷人崇拜祖先，并对先公、先王、先妣进行隆重祭祀的遗迹。殷人之所以频繁地祭祀祖先，是因为在他们看来，祖先能降灾祸，也能受福佑于人世，支配着人间的命运。殷代不但称至上神为"上帝"，而且殷王在祭祀祖先时，也时常将其生父称为"帝"。

（四）王者的安息之地

殷墟王陵遗址位于洹河北岸侯家庄西北冈、武官村北侧的高地上，与殷墟宫殿宗庙遗址隔河相望。殷墟王陵虽历经盗掘，大墓无一幸免，但仍遗留下来许多制作精美的随葬器物。凭借这些考古发掘的资料，我们可以窥见殷王在"黄泉"下的奢华生活。

殷代国王的大墓，不仅墓室的面积大，

殷墟博物苑展现了殷商王宫殿堂的布局

一个古老王国的缩影

而且墓室很深，一般在地面以下10—13米，墓底几乎接近地下水面。这种排场可能与古代"黄泉"之说的宗教意识有关。古人视死如生。因此，殷墟王陵内的随葬器物也基本模仿殷王生前的生活景象而放置有序：头饰或佩饰一般在棺内，礼器或生活用品一般放在椁室，兵器、生产工具、乐器等放于棺椁之外，仪仗和车马一般放置在墓道。

殷代国王构筑的大墓"亞"字形椁室，形制比较复杂，比营建一般方形、中字形、甲字形陵墓困难，而且又费工料。后人对此多有揣测。国内有学者认为，构筑这种

博物馆内真实还原了殷商时期的生活情景

"亞"字形墓室并非为了美观，而是自有一定的涵义，应该是当时丧礼的一种，象征着贵族社会的礼制建筑。也就是说，这种"亞"字形墓室可能是古代宗庙明堂建筑的象征，表现了后者最具代表性的"亞"字形特征。殷代的王公贵族死后，地上的"亞"字形建筑是他们灵魂的寄托所，而地下的"亞"字形椁室则是他们尸体的埋葬处。英国也有学者认为，这种"亞"字形墓室具有某种特殊的含义，反映了殷人的宇宙观。"亞"字形是殷人心目中的土地之形，当时按"亞"字形来划分土地、上界、下界，"亞"字形所代表的土地可分成中央和四方五部分。这一

王陵遗址发掘后已回填

一个古老王国的缩影

殷墟周围种有柏树，象征长寿永恒

形式也是中庭连四厢的布局，人站立于四个方向的中央，最易取得和谐之感；而死者安睡在"亞"字形椁室的中央，灵魂可直接享受四方供品。

殷墟的墓地都种植有柏树。殷人认为，松柏不仅象征长寿永恒，而且还有荫庇后人的作用。因此，在陵墓区种植柏树，既能寄托子孙对祖先的哀思，又能受到祖先的保佑。植柏习俗对后世影响深远。

（五）人祭与人殉

在商代社会中，杀殉制度十分盛行，人牲和人殉是当时两种不同的社会现象。殷人用殉人或献牲来崇拜上帝、天地和自

殷墟祭坑的马车

然神。这种祭祀形式在今天早已废除了，然而上古先民崇拜天地和自然神的祭祀仪式已演变为后世的民俗文化。如北京的天坛、地坛就是明清两代皇帝用于祭天祭地，祈祷丰年的建筑。至今安阳市所辖的农村修建住宅时，在堂屋墙上都要设天地壁龛，有的还敬立如甲骨文"示"字形的牌位，神位上写着"供奉天地三界十方万灵真宰"。每当新春佳节或婚礼之际，民间偶有举行隆重的拜天地仪式。这些都是上古天地崇拜的遗风。

所谓人牲，就是在祭祀时把人像牛羊猪等牲畜一样供奉给祖先和神灵，被杀的人为

陪葬坑

战俘和奴隶；所谓人殉，则是为侍奉死后的王公贵族等权势者而殉葬的人，其中有陪臣、妻妾、侍卫和亲信，也有用作仆役的奴隶。在商代甲骨卜辞中，常有杀人祭祀的记载，最多的一次杀祭用了三百人。商王和贵族奴隶主在祭祀祖先、祈祷神灵、建筑宫室、求年问雨时，都要使用人牲祭祀，其遗迹见于墓葬内外和建筑基址附近。商王、贵族及奴隶主的墓葬中，一般都有殉葬人。

殷墟王陵遗址共发掘殷代祭祀坑、陪葬墓 1487 座。祭祀坑内的埋葬，可分为人坑、动物坑、器物坑三类。人坑内葬有数千具祭祀人牲的遗骸，这些人牲大部分被砍杀，多为青壮年，还有女性和未成年的儿童，每坑8—10人不等。仅1976年发掘清理的191座祭祀坑，就发现祭祀人牲1178人。在动物坑内，或单埋动物，或将动物与人共埋。西北冈东区就是商代王室用于祭祀祖先的一个公共祭祀场所。

安阳殷墟博物苑车马坑

到商代后期，随着奴隶制的发展，一部分青壮年俘虏被用作生产奴隶，人牲数量减少了。据殷墟卜辞统计，商王祭祀共享人牲14000多人，其中又以武丁一代用人祭祀次数最多，数量也最大，共享人牲9000多人。但在武丁以后，人牲逐渐减少，到帝乙、帝辛时只用100多人。

这种人牲数量的变化，也与殷墟考古发掘相符。殷墟前期的大墓内有大量的人头及无头躯体，后期则数量极少；前期个别中型墓中也有人牲，后期已没有了。类似的变化也见于1976年西北冈东区发掘的191个祭祀坑中，较早的南北向坑用人牲近千，而较晚的东西向坑仅百人左右。

（六）中国将军的好

1936年6月12日，注它是不平凡的一

天。这一天中午，闷热难当，连知了都懒得鸣叫。此时，在河南省安阳，一支疲惫不堪的挖掘队正在为一次失败的考古工作进行着扫尾工作。正当人们按部就班地忙碌之时，在一座坑内，有人发出了一声惊叫。这是一次相当意外的发现：在坑内北面壁上，有一副蜷曲的人骨架显露出来，有人小心翼翼的对骨架周围的土层进行了清理出人意料的是，这副骨架之下，竟然是一大片从未扰动过的甲骨层。全队的人们顿时兴奋起来。

　　不久后，考古人员在距地面6米处挖掘了一个大坑，在坑中间保留的大块土堆

妇好铭文拓片

殷墟

中，竟然埋藏了数以万计的甲骨，人们顿时惊呆了。自安阳考古工作开展以来，这是关于甲骨的最为重大的发现。这些甲骨完整异常，如果按一片甲骨有十个字来平均计算，那么一万多片甲骨之上将有十多万字，它们会使人们对商代的认识取得更大的收获吗？

专家考证发现，这一万多块龟板几乎全部出自商王武丁时期，武丁是商朝最有做为的君主之一。随着研究工作的不断深入，人们渐渐发现，在武丁一朝中，还有一个挥之不去的人物。她的名字在甲骨文上多次出现，大概有二百多块甲骨上记载了她的事迹，她叫妇好。

妇好是中国历史上有记载的第一位女将

甲骨文有一条卜辞记载，"妇（帚）好先共人于庞"。它的含义是，在战争前，妇好先在一个叫做庞的地方争兵。

还有一条卜辞记载："贞，登妇好三千，登旅万，乎伐。"意思是说，妇好领了三千兵马加入了国王万人的军队，一起去争伐远方的国家。这是甲骨文中最大的一次战争，战斗的一方商帝国动用了上万人的军队。这在三千年前的青铜时代，绝对是一次了不起的壮举。妇好，是国王麾下的一名女将。她，不仅能够统兵作战，而且还拥有属

妇好墓在小屯西北约 100 米处

于自己的领地。

　　根据墓中铜器铭文，参照甲骨卜辞中有关记载，确认此墓主便是殷王武丁的配偶妇好。妇好是我国历史上有记载的第一位女将军，也是中国古代妇女中的一位传奇式人物。妇好成了商王军队的统帅，驰骋疆场，先后西征羌方，东征印方，北征土方，征战二十余个方国，立下了赫赫战功。妇好死后，武丁破例在王宫旁为她建墓，随葬大量珍宝，还修了享堂，以时享祭。

四 神秘瑰丽的文化遗产

青铜器上有瑰丽的纹饰

（一）青铜王国

中国古代青铜工艺的出现时间虽然比古埃及、两河流域都要晚，但中国古代青铜器以其繁多的种类、奇特的造型、瑰丽的纹饰和高超的铸造工艺，在世界青铜史上占有独特的地位，创造了其他文明所无法比拟的辉煌成就。

在殷墟，经科学发掘出土的青铜器，据不完全统计，大约有礼器一千多件；乐器有铙十套，共三十余件；生产工具、生活用具、艺术品和杂器也有不同数量的出土。这些青铜器无论在品类、形制、纹样和铸造技术方面都比以前的青铜器有了较大的突破和创新，在中国青铜器发展史上达到了一个新高峰，在世界文明史上，殷墟青铜器更具有重要的里程碑意义。

殷墟青铜器多种多样，按器物的用途与功能可分为礼器、乐器、武器、工具及生活用具、装饰艺术器以及杂器六大类。

礼器作为殷商社会阶层分级的重要标志，是研究殷代礼制的重要资料与依据，历来为国内外研究学者所重视。礼器按其实际功能又可细分为炊器、食器、酒器、水器、盛贮器和挹酒器六大类。炊器如鼎、鬲、甗、甑；食器有簋、豆、匕；酒器有觚、爵、尊、卣、觯、斝、角、觥、方彝、盉、壶、瓿、罍、缶；

殷墟青铜器种类繁多

水器如盂、盘；盛贮器如罐；挹酒器有斗、勺。

祭祀是商朝生活中最为重要的部分，青铜礼器与甲骨文一样也是商人祭祀活动中重要的物质载体。有道是"民以食为天"，殷墟出土的大型青铜祭祀礼器也都与饮食有关。

乐器也是商代礼制的重要表现物。殷墟青铜乐器中有铙、铃。铙一般都成套出土，或五件，或三件，大小依次递减，是两周时期成套编钟礼乐制度的前身。

青铜武器是殷墟出土青铜器的大宗。大部分都出自墓葬，居址中也有少量发现。

象纹铜铙

商代铜瓿

按不同的功能，可分为攻击性的戈、钺、矛、镞等；防御性的装备为胄。戈是殷墟墓葬中最常见的随葬品之一，出土时少则一件，多则数十件或上百件。钺的出土数量较少，关于其用途，除用于实战外，也用来标示持有者的军事统辖权和社会政治地位。

工具类铜器有刀、削、斧、锛、凿、刻刀、锥、锯、钻、钩等。刀的出土数量是工具类中最多的，形制多样。从考古发掘整体呈上升趋势来看，青铜工具在所有不同材质的工具类遗物中不占多数，其数量远低于石质和骨质类工具。

生活用具较少，主要有镜、箸、笄等。

另外还车马器，如衡木饰、弓形器、辖、辕饰、踵饰铁、策等。

殷墟青铜器还有一些铜人面具、铜泡等，是装饰品，同时也是精致的艺术品。杂器多是一些不知具体用途的多钩形器、管形器、棒形器等。

我们可以想象，在那个生产力极不发达的时代，古人是通过何种方式铸造出这么多琳琅满目而又各具特色的青铜器呢？让我们循着这些古物的气息去探寻古人的神秘之作。

（二）天工之作

殷墟青铜器的辉煌具有深厚的技术背

商代三羊罍

景。殷墟时期的铸铜工艺，不管是合金成分还是铸造技术方面都达到了相当高的水平。

殷墟青铜器的合金材质主要有锡青铜、铅青铜和铅锡青铜三类。不同的合金配比能导致青铜器在铸造性能和机械性能等方面的差异，已有的检测表明，殷墟青铜礼器和兵器、工具的合金配比有所不同。可见当时人们对青铜合金的配比已经有了比较深入的认识，能根据需要控制青铜器中不同金属的含量，以与不同器类的用途相适应。

商代晚期人面铜钺

殷墟青铜器都是利用焙烧出的陶范浇铸而成的，为了铸出造型复杂、纹饰繁缛的青铜器，块范铸造法被发挥得淋漓尽致。其浇铸方式可分为浑铸和分铸两种，浑铸是一次浇铸成形，器形简单的铜器都采用这种方法；分铸法是先铸出附件，然后将附件放入主体的陶范中铸接成整器，或者先铸出器体，再在其上接铸附件。司母戊方鼎的器耳就采用了分铸的方法。妇好墓出土的一件提梁卣的铸造最为复杂，采用了多次铸接的方法，代表了殷墟时期分铸法达到的最高水平。

目前在殷墟的苗圃北地、孝民屯、薛家庄和小屯东北地发现有多处铸铜作坊遗址。作坊内发现有大量陶范、陶模、熔炉残块，以及制模、制范、制范、浇铸用的场地或房舍遗迹，还发现有制范和修饰铜器的工具。从出土陶范看，当时的铸铜作坊已有专业化的分工，如苗圃北地和孝民屯西南的铸铜作坊都以铸造青铜礼器为主，而孝民屯西南的铸铜作坊则可能是以铸造工具和武器为主的。

殷墟青铜器在制作技术、铭文的字数和重要性能等方面，都远远超过早期青铜时代的二里头文化和二里岗期文化，虽然无法与西周青铜器相比，但其对两周青铜

商代晚期龙纹铜兕觥

铸造技术和金文的发展起到了开拓和奠基作用。

（三）永恒的图像

我国青铜器瑰丽雄奇，具有浓厚的地域特色和独特的艺术风格，在中国古代文明发展史上占有非常重要的地位。当欣赏青铜器时，时而会觉得进入了一个阴森恐怖的世界，时而会觉得显身绚丽璀璨的梦幻之中。如果说青铜器形制的不同更多地取决于器物用途的差异，那么，纹饰则更多地表现了审美的观念和理想。

1、饕餮纹

殷墟青铜器上最为多见的纹饰为饕餮纹，也叫兽面纹。饕餮在古代传说中是一种

饕餮纹

神秘瑰丽的文化遗产

商代兔觥青铜器

商代青铜器

殷墟

商代小克鼎青铜器

贪食的恶兽，后来逐渐成为爱吃、吃起来不要命的形象的代名词。饕餮纹在殷墟青铜器上一般是作为主纹装饰在青铜器的腹部和圈足上，饕餮的凶残和威猛，可以作为统治者神秘威严的化身，借此来显示自己的神力，统治人民。青铜器上的饕餮纹形式并不固定，而是变化多端，据统计有十余种之多。有的全身有明确的轮廓，还有的有首无身，形状不尽相同。

2、夔纹

也是常见的青铜纹饰，同饕餮一样，也是一种神话性的动物。从青铜器纹饰看，它是一种动物的侧面形象，即一种一足的龙而已。同饕餮纹比起来，夔纹更善于变化。既有兽形，也有鸟形和蛇形，以及作为其他纹样的辅助纹的变形夔纹等等。

3、龙凤纹

龙与凤是大家都熟知的古代神话动物，在甲骨文当中，已经出现了龙与凤这两个字。殷墟青铜器上的龙纹一般作兽头蛇身，形象正面或侧面，但都是大嘴巨眼且头上有角，身上分别饰连续的"回"形纹、三角纹或鳞状纹，作螺旋状蜿曲的多饰于盘内。一首两身的多用于器物的肩部。凤的样子有点像孔雀，头上有冠，尾巴修长。

4、虎纹

在动物纹饰中,虎纹也是比较常见的。妇好墓出土的圈足觥，盖、器相合后，从整体看，前部像一只蹲坐的猛虎。在妇好墓出土的另一件青铜钺上，也有两个虎纹，刻画细致，描绘出虎身上漂亮的条纹，配以虎的大口獠牙，整个造型显得凶猛威武，很好地体现了兵器作为军事权力象征的特性。

5、蛇纹

蛇在古人心目中神秘莫测而又威力无穷，因此以蛇纹为饰也见之于一些青铜器

商代枵尊青铜器

殷墟

上。数量虽然不多，但在应用时，都把蛇的细长形特点因地制宜地加以运用，有效地增加了器物的动感。妇好墓中的圈足觥盖顶的把手上就装饰了蛇纹，这条蛇上身拱起，头紧贴地面，线条柔和，看上去就像一条蜷曲的蛇正在慢慢地舒展自己的身体。

殷墟青铜器的纹饰，不但有主纹，并且还有衬托花纹，甚至还有在主纹上再填以花纹，从而形成三层花，精美至极。因此，常常有些外国朋友在看了中国青铜器展览后，总是不解地问：为什么展览的名字不叫中国古代美术展？由此可见纹饰的秀丽。

殷墟时期，青铜器上铸铭已经非常普遍，

商代晚期龙虎纹铜尊

殷墟司母戊方鼎出土地

这与殷商前期判然有别。此时许多器上都铸有主人族氏、名称、称谓，这为确定墓主提供了重要线索。铭文的字数少则一两个，多则十几个、几十个不等。殷墟青铜器中铭文最长的是在后岗发现的戊嗣子鼎铭文，多达三十字，如实记录了戊嗣子在某日于某处受到商王赏赐而为其父作鼎以表纪念之事等等。这些对于历史研究有着重要的价值。

（四）国之重器司母戊

有着"国之重器"之称的司母戊鼎，是世界上罕见的青铜器贵重文物，它是迄今为止所有出土的鼎中最大、最重的。有人用现代科学方法分析其合金成分，结果表明大鼎的合金成分分别为：铜占84.77%，锡占11.64%，铅占2.79%，这一分析与《周礼考工记》上说的"六分其金而锡居一"的记载基本是相符的。不仅如此，它还使用了极为出色的铸造技术。作为殷商时代青铜器的代表作，它充分体现了我国殷商时期青铜业的技术水平，在中国文明史和世界青铜史上占有重要的地位。

司母戊鼎形制雄伟，重875千克，高133厘米，口长110厘米，宽79厘米，足高46厘米，壁厚6厘米。立耳、方腹、四足中空，除鼎身四面中央是无纹饰的长方形素面外，

商代青铜器的登峰造极之作——司母戊大方鼎

神秘瑰丽的文化遗产

其余各处皆有纹饰。在细密的去雷纹之上，各部分主纹饰各具形态。鼎身四面在方形素面周围以饕餮作为主要纹饰，四面交接处，则饰以扉棱，扉棱之上为牛首，下为饕餮。鼎耳外廓纹饰俗称虎咬人头纹，这种纹饰是在耳的左右作虎形，虎头绕到耳的上部张口相向，虎的中间有一人头，好像被虎所吞噬。耳侧以鱼纹为饰。四只鼎足的纹饰也匠心独具，在三道弦纹之上各施以兽面。鼎腹内壁铸有铭文"司母戊"。据考证，司母戊鼎应是商王室礼器。司母戊鼎纹饰美观庄重，工艺精巧，一向为世人所钦羡。它的价值因此而更高。鼎身四

殷墟司母戊方鼎

殷墟

伯铜方鼎

周精巧的盘龙纹和饕餮纹，增加了文物本身的威武凝重之感。饕餮是传说中好吃的野兽，把它铸在青铜器上，表示吉祥、丰年足食。

大鼎的名字，来源于其腹内长壁上的三个铭文："司母戊"。旧释"母戊"为墓主人的庙号(死后在宗庙的称号)。"司"读"祀"，即祭祀的意思。旧说认为这三个字的铭文表示该鼎为祭祀母戊而作。并认为母戊是商王文丁之母的庙号，该鼎为商王文丁所铸，是用来祭祀其母的。但是，这种看法是与上述考古发掘所判定的出土司母戊鼎的时代是不相符的。在 20 世纪 70 年代，学术界已对司母戊鼎的铭文提出了新的考释: 首先,将"司"

字改释为"后"字。因为商代的文字书体较自由，可以正书，也可以反书。因此，"司"与"后"二字的字形可以是一样的，至于释"司"还是释"后"，应依铭文总体的文义而定，而在此处则以释"后"为妥。"后"在这里表示墓主人的身份，即她生前乃商王之"后"。因此，鼎名应更正为"后母戊"鼎。此说不仅从古文字学来讲可以成立，而且与上述考古发掘所判定的编号为M260的时代也是一致的。但是后世习称司母戊鼎已久，仍可沿称司母戊鼎。

司母戊鼎最早是在1939年3月被安阳武官村农民从侯家庄西北岗（或称武官村北地）吴家柏树坟园盗掘出土。当时正值抗日战争时期，安阳已被日寇侵占。由于司母戊鼎个体很大，不好藏匿，村民为了不使司母戊鼎落入日寇手中，遂又将司母戊鼎埋入原墓之中。抗战胜利后，1946年4月安阳农民又将司母戊鼎重新挖出，因主权发生纠葛，该鼎遂归安阳县政府所有。同年10月，司母戊鼎被作为送给蒋介石的寿礼运到南京。蒋介石看后甚喜，下令交南京中央博物馆筹备处收藏。中华人民共和国建立以后，归南京博物院收藏，1959

殷商王墓司母戊鼎

商代父庚方鼎

年中国历史博物馆新馆建成，南京博物院大力支持国家博物馆的工作，将司母戊鼎从南京运往北京，在中国历史博物馆陈列展出。外形被博物馆定为馆徽标志，并成为镇馆之宝。

（五）琳琅满目的玉器

玉，以其温润续密、光泽柔和而备受人们喜爱。作为商代后期八代十二王王都的殷墟，究竟出土了多少玉器，现在已很难确知，但据文献记载，殷商亡国之时，周人曾掠夺了不少商代玉器。现存于世的殷墟玉器，以1928 年以后的发掘品居多。可笼统估计，上世纪殷墟出土商玉的总数约二千四百件。这

殷墟出土的玉器体现出高超的工艺水平和艺术想象力

应该是最接近实际的一个估计数，不过需要说明的是，所谓的"玉器"是按传统上"美石为玉"的概念来界定的，若按物质成分来说则有相当一部分不是真正的玉石。

殷墟是玉器的宝库，其种类的齐全，艺术造型之美，琢制的细腻光滑程度、都远远超出了人们的想象。器物中，大多为礼器或与之相关的器物、还有多件玉雕人像和头像以及玉雕动物像。礼玉主要用作礼仪、祭祀等，有些也用于佩带。器类有琮、圭、璋、璧、环、瑗以及簋、盘等。琮的数量较少，大致有两种形式: 一种高体高射，四角雕出凸棱，极少见；另一种矮体短射，四角凸棱上琢蝉纹或几何形纹，但也有素面的。圭多作长条形，下端有穿，有的表面琢有简单花纹。璋不多见，在一些残片上，发现有朱书字迹。璧、环、瑗三者相加后的数量较多，簋仅两件，均出于妇好墓，一件呈绿色，另一件呈白色。外表均雕有精美纹饰，当是王室的祭祀或宴飨用器。

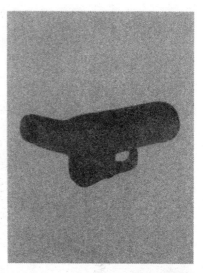
殷商时期玉器

还有仪仗性武器戈、矛、戚、钺、大刀和镞等。以戈的数量最多，矛、钺都很少。戈的形制不尽相同，但都不具备杀伤力。在少数戈上雕有或书写有纪事性文字，还有斧、凿、锛、锯、刀、槌、纺轮、铲、镰等工具。从实物考察，少数铲和某些小刀有使用痕迹，纺轮和一部分小刻刀也有实用意义，至于斧、凿、锛及某些小刀，制作精致，大概都是象征性工具。不过用具如研磨朱砂的臼、杵，调色的盘以及梳、耳勺、匕等，皆为实用之器。杂器数量不多，但内涵庞杂，可识别的有玉马嚼、玉策、含玉等。除含玉外，都较少见。

此外值得一提的是装饰品，其数量最多，总数达千件以上，品种也较齐全，有佩带和镶嵌饰物，头饰、冠饰和腕饰，器物上和衣上的坠饰、串珠等，以及用途不甚清楚的饰品。其中不少作品雕琢得相当出色，堪称殷墟玉器中的精华。其中写实性的动物形象，种类繁多，计有虎、象、熊、鹿、猴、马、牛、狗、兔、羊头、蝙蝠、鸟、鹤、鹰、鸱鸮、鹦鹉、雁、鸽、燕雏、鸬鹚、鹅、鸭、鱼、蛙、龟、鳖、螳螂、蚱蜢、蝉、蚕和螺蛳共三十一种。大多为单件，形象逼真；个别的雕成双鹦鹉，尾相连，极富情趣。有些兽畜；两两分别成对，如妇好墓出土的对马、对象、对鹅等。这些发现，反映出琢玉艺人对动物的精细观察；也是研究殷代野生动物和家畜、家禽的珍贵资

殷商时期玉器

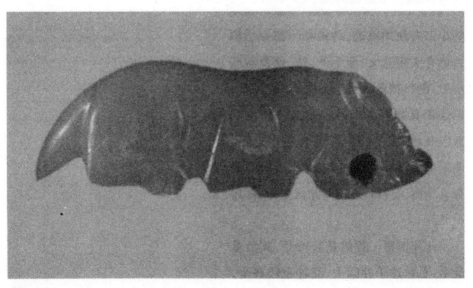

妇好墓出土的玉人

料。神话性动物主要有龙、凤、怪鸟兽和鸟
负龙升天等，以龙为多见，大多工艺精湛。
如妇好墓出土的一件圆雕蟠龙，方形头，张
口露齿，双角后伏，质优纹美；凤仅一只，
侧身回首形，尖喙圆眼，阳纹浅浮雕，工艺
难度较大；一件浮雕怪鸟负龙升天玉雕，构
思新颖别致，呈现出怪鸟踩云升天的画面，
极富想象力；怪鸟兽多为兽角鸟身，纹样精
细，有较高的艺术价值。

（六）玉不琢不成器

殷代玉工在继承前人琢玉技艺的基础
上，不断改善青铜工具，使琢玉工艺向前迈

殷墟出土的玉器

进了一大步。

选料、用料缜密考虑。往往用同一块玉料和玉色相近的料琢雕成成对之物，如妇好墓出土的成对玉象和成对玉马，善于利用玉料的自然形状，设计出比较切合的题材；能利用玉石料的天然色彩，如小屯村北一座殷代晚期房子中出土的一件圆雕玉鳖，背甲呈黑色，头、颈和腹部呈灰色即是一例。

殷墟玉器造型多样化，某些作品突破了过去的传统程式，在人物和动物的玉雕中尤为突出。如妇好墓出土的圆雕人像，作踞坐形，双手抚膝，人体比例大致适当。

它们面部表情不尽相同，发辫、衣纹各有特点，精细入微；圆雕的兽、畜、昆虫等，大多形象逼真，有些还突出其外形的主要特点。多数动物形玉器的花纹各具特征，刻画细腻。如兽类的身躯多用斑条纹或变形云纹，背部多为脊状纹，眼则为"目"字形纹；禽类多用羽毛纹或翎纹，眼多为圆圈纹，龙多用变形云纹或菱形纹等等。

殷墟玉器制作精美，光滑匀称。同人像和动物像不同的是，殷人对龙凤等采用夸张的手法进行了富有想象力的刻画。玉龙昂首张口、身躯蜷曲，作欲起腾飞状。而天凤则短翅修尾，流畅飘洒。一件浮雕黄玉凤，长

殷商时期玉器

神秘瑰丽的文化遗产

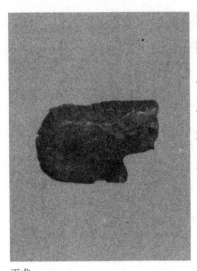

玉龙

13.6厘米，凤侧身回首，姿态生动，腰间圆细的小孔是钻成的，冠尾上细长镂空是后打成的，而翅膀上的阳凸丝期纹，则采用了难度较大的挤、压手法反复琢磨而成。这件玉凤色泽光洁，线条流畅，造型舒展，柔润优美。像这类作品大多加入了作者自己的思想意识，造型极为传神，风格十分突出。

殷墟时期的钻孔技术已相当成熟。玉器表面多为浅雕、浮雕等平面雕，曲线直线结合巧妙，舒展流畅，深浅适度，切削均匀。阳刻、阴刻、钻孔、镂空、抛光等技术运用得十分熟稔，作品大多细腻柔润。1975年在小屯村北发现的一件玉鳖可称典型。黑色的背甲和四爪，鼓圆的黑眼珠，灰白色的颈腹部，浑然天成地利用了原玉的天然色泽，使作品朴实自然、形神兼备，具有很强的艺术感染力。而殷墟圆雕作品的出现说明了当时的工匠们已经掌握了包括立体造型能力在内的丰富的玉雕知识。

（八）石器、象牙器、骨器和白陶

殷墟时期，殷人的石雕工艺已有相当的水平，考古发掘出土了不少制作精良的器物。这些器物多是祭祀礼仪之物，与生产毫无关系。

在出土的众多石器当中，有不少颇具欣赏价值。同玉器一样，殷墟石雕作品中也有十分珍贵的"俏色"作品。在小屯北地一所房子中出土的一件石鸭，头颈和尾部为白色，双目、两翼和双足外侧呈黑色，整个鸭子色泽谐调，酷似真鸭。

用兽骨制成各种器物使用在商代也是极为普遍的事情。在殷墟，骨器有大量出土，粗略统计多达二万四千余件。考古工作者还在北丰庄南地和大司空村东南地发掘了当时的两处制骨作坊遗址，发现有生产骨器的"工房"和骨料坑，并有数量巨大的骨料、骨半成品和废料出土。生产工具有青铜锯、青铜钻、石刀、磨石等。

骨器的器类相当齐全，有工具、用具、武器、乐器、装饰品、雕刻艺术品等。除工具出于居住遗址外，其他几类均于大墓和中型墓中出土。许多器物不但是生活中的实用品，也是不可多见的艺术品。

三千年前的商代，气温偏高，气候湿润，很适合一些热带、亚热带动物栖息。现在已远离中原大地的大象，在甲骨文中却有很多的记载，这表明当时大象还在黄河中

骨器

陶器残片

下游四处游荡。殷墟发掘也证实了这一点，不但发现有象坑、象骨，还发现有象牙制品。从出土器形来看，有鸽尊、孟形器、杯、方形器、梳子、鸟形纽等多种。最为著名的是妇好墓中出土的象牙杯，整个象牙杯色泽淡雅又不失富丽，形象生动。

在殷墟发掘中，陶器及其残片的发现数量庞大。其中，刻纹白陶无论从质地、造型还是纹饰上看，都是陶器中的上乘作品，就是后世也不多见。白陶在我国新石器时代的一些遗址中就有发现，但到了殷墟时期，却有飞跃性发展。殷墟白陶大多数出于大中型墓中，如西北冈王陵大墓、武官大墓。这种白陶是用一种白色的高岭土、用千度以上的高温烧成。胎质洁白，种类较多。纹饰经过周密设计，往往通体满花，主纹与辅纹搭配得和谐严谨，给人以美的享受。如一件白陶罐，表面镂刻精美，器形秀丽典雅，可以说是一件盖世精品。另一件白陶尊在继承传统装饰的基础上，又吸收了当时青铜工艺的特点。该尊用凸雕手法来刻画纹样，底层用回纹作衬，上面重叠着兽面纹的浮雕，二者错落有致，整个器物精美华贵又神秘肃穆。

五　流失的殷墟国宝

安阳殷墟博物苑妇好墓

（一）古老的盗墓者

在我国古代的丧葬习俗中，先秦之时最讲究厚葬，有"事死如生"的说法。墓葬里埋有很多珍宝，当然会让活人眼红。据史书记载，在秦汉以后，盗掘古墓的事就时有发生。不过，在传统社会里，盗掘坟墓被认为是一种大逆不道的犯罪行为，盗墓贼常被官府处以极刑。因此盗墓者的行动通常非常隐蔽，盗掘出来的东西也往往被当时的所有者藏着，秘不示人。时间长了，后人自然无从了解它们真实的出处。

20世纪的殷墟考古发掘表明，殷墟上的绝大多数重要墓葬都被盗掘过。如侯家

安阳殷墟博物苑甲骨文

庄西北冈殷王陵中的所有大墓都遭到过不止一次的盗掘，墓中的随葬品遗留极少。从盗掘的痕迹分析，历史上至少有三次大的盗掘活动期，最早的一次现在还不能确定具体年代，第二次可能是北宋时期，第三次就是近代。在宋人的青铜器图谱中，后人已考证出有从殷墟墓葬中盗掘出来的器物。也就是说，盗墓贼在殷墟这块土地上最起码活动了上千年。

早期的盗贼似乎对盗墓很有经验和技巧，对墓室位置的判断极其准确。他们往往在墓室正中开一个圆形大坑，坑口紧贴墓室四壁，就像一个内切圆。那时停室可能尚未

甲骨文

腐朽坍塌，盗贼可直接进入停室内，把室内之物席卷而去。只有腰坑或个别墓室角落等未被盗贼光顾之处，尚能遗留下一些物品。近代盗坑大多为长方形的，大部分挖在墓道上。这是因为近代盗贼常根据夯土确定墓的位置，而大墓墓室早期已被盗过，盗坑中的土是翻动过的回填土，当地农民称此为"二坑"，盗贼是不会在"二坑"上盗掘的。

这些盗贼盗墓的目的，主要是得到青铜器、玉器和金银器等值钱的文物古玩。

（二）甲骨挖掘狂潮

19世纪末20世纪初，随着甲骨文的发现、研究，甲骨文的价值逐渐被人们认识，

甲骨文干支表仿制品

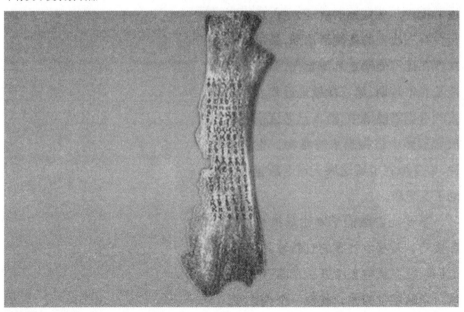

殷墟

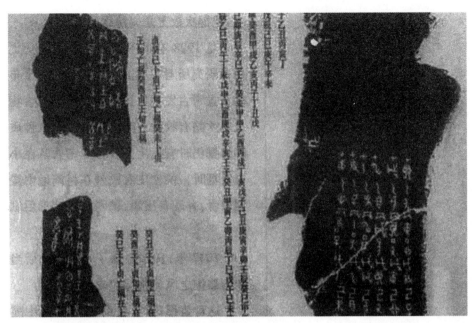

甲骨文干支表拓片

收藏甲骨的人日益增多。特别是王懿荣等人的高价收买，使得古董商云集小屯村，大量收购甲骨，进而导致小屯村民到处挖坑寻找，有的村民甚至以挖掘甲骨为终生职业。这些人东挖一锄，西掘一坑，主要就是为了掏取甲骨，对甲骨埋藏的情况及周围的遗迹全然不顾，与甲骨共存的其他遗物往往全遭毁弃。这对殷墟遗址是一种极大的破坏，在学术上更是一种无法弥补的损失。

有人估算，1899—1928 年三十年间，私人挖掘出土的甲骨达十万片左右，挖掘次数更是无法统计。

从 1928 年秋开始，中央研究院历史语言研究所对殷墟遗址进行了长达十年的正式考古发掘，迈河两岸的盗掘古物之风才略有收敛。但小规模的、个人性质的盗掘仍时有发生。1934年考古队在小屯发掘时，侯家庄农民就在村南地中盗掘甲骨，并准备出售，被考古队获悉后制止。

1937年，日军占领了安阳。此后当地的盗掘之风又盛行起来。

这种盗掘行为，直到1949年新中国成立后才得到有效控制。

（三）传教士的掠夺

就在中国的收藏家、学者开始搜集甲骨之后不久，一些旅居中国的外国传教士也对甲骨发生了兴趣，并通过各种手段进行搜购。

1903年，驻山东潍县的一位美国传教士和英国浸礼会驻青州传教士库寿龄，在潍县合伙向古董商购买了许多甲骨。这是目前所知外国人搜购甲骨中最早的一次。后来，他们把其中的四百片转卖给英国人在上海所办的亚洲文会博物馆。1904—1906年他们又陆续搜集了几批甲骨，先后转卖给美国卡内基博物馆、斐尔德博物馆、英国苏格兰皇家博物院、大英博物院等。

西周时期青铜复尊

殷墟

大量甲骨流失到国外

以后英国人金漳德国人咸尔茨、卫礼贤，也搜集了不少甲骨。这些甲骨也先后被运往国外，卖给德国、瑞士的博物馆。据我国甲骨学家的统计，早期被欧美人搜购流散到国外的甲骨，至少在五千片以上。

外国人中搜购到甲骨数量最多的，是加拿大人明义士，他是长老会驻彰德府的牧师。1914年春，听说小屯村一带出土有文字的甲骨，他就经常骑一匹白马，到小屯附近的洹水南岸进行考察，并开始搜购。到1926年，他购得的甲骨已达三万多片。其中有一批甲骨约四千多片，现藏于加拿大多伦多皇家博物馆中。

（四）日本人的盗抢

最早在中国搜购甲骨的日本人，是在天津《日日新闻》报社的西林博。最有名的是日本学者林泰辅，他对甲骨文有特殊的爱女子，还于1918年亲赴安阳小屯村并写成《殷墟遗物研究》。1931年"九·一八"事变后，日本帝国主义者利用在华北的特殊地位，大量盗运殷墟文物。1937年，日本发动了全面的侵华战争，安阳很快就被占领。占领期间，日本人先后组织了不少调查团、研究班来安阳进行考古。1938年春，日本庆应义塾大学文学部组织的北支学术调查团，由大山柏率领，来安阳考古。

安阳殷墟博物苑

殷墟

同年秋，日本东方文化研究所水野清一、岩间德等人到安阳侯家庄进行考察发掘。1940—1941 年，东京帝国大学考古学教室也派人到安阳进行发掘。1942—1943 年，驻河南的日本军队利用奸匪大肆盗掘，出土不少古物。在上述盗掘活动中，日本人从殷墟掠夺了大量的甲骨、铜器、玉器、白陶器等珍贵文物，运到了日本。据日本学者的统计，日本先后搜集到甲骨的学术单位约有三十个，私人收藏家也在三十人以上，在日本的甲骨总数至少在一万片以上。

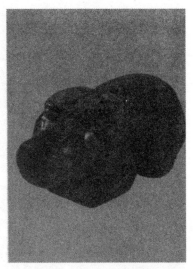

殷墟出土玉器

（五）海外遗珍

有关资料统计，殷墟自 1928 年开始考古发掘以来，出土甲骨约十五万片，玉器二千六百余件，青铜器六千件左右，加上石器、骨器、竹木器、漆器、皮革制品、纺织品等，重要及完整的文物至少有数十万件。但至少有五万余件殷墟文物流失海外，这个数据是根据专家们多年调查研究推算出来的。

这些流散在世界各地的中国文物，或者在博物馆、美术馆、学校图书馆，或者在私人收藏家手中。据相关统计，目前海

殷墟博物馆内的甲骨文碑林

外至少有八十多家博物馆、基金会、拍卖行和私人机构藏有殷墟文物，包括珍贵的甲骨、青铜器、玉器、骨器、陶器、石器等。日本根津美术馆收藏的三方盉、加拿大皇家博物馆收藏的刻辞骨匕、美国芝加哥艺术研究所收藏的骨尺等，都成为殷墟文化乃至中华文化的象征。收藏中国文物最丰富的是欧洲，其中以英国所藏最多。伦敦的大英博物馆、不列颠图书馆、剑桥大学博物馆等等，都有大量的中国文物。其中又以大英博物馆最为著名，其收藏中国文物的数量和质量都是首屈一指的，其中殷墟甲骨，还有举世无双的玉器、珍贵的青铜器的收藏也很丰富。

　　日本自明治维新以来就在有计划地收藏
中国文物。现在全日本共有一千多座博物馆、
美术馆，几乎都收藏有中国的文物。其中白
鹤美术馆则以青铜器的收藏闻名，有商周青
铜器达一千余件，殷墟出土的文物是其重要
的收藏。安阳小屯出土的近二十万片甲骨，
流失海外的就约有二万六千七百片，海外收
藏的甲骨片以日本为最。根据著名学者胡厚
宣的考证，有记录说明的，京都大学人文科
学研究所有 3599 片，天理大学参考馆有 809
片，东京国立博物馆有 255 片，东京大学考
古研究室有 113 片，富冈谦藏有 800 片，总

海外收藏甲骨片以日本为最

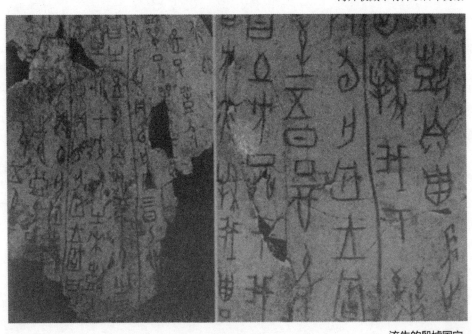

流失的殷墟国宝

117

计近 6000 片，其中精品甚多。还有许多没有记录的。现今日本的青铜馆中80％的馆藏文物来自殷墟。

此外还有英国、法国、美国、德国、俄罗斯、瑞典等十二个国家或地区收藏有大量中国文物。

（六）回归路漫漫

1840 年鸦片战争拉开了中国文物流失的序幕，此后，大量中国文物流失海外。人类劫掠和非法交易文物的历史由来已久，1954 年，海牙会议首次制定了《武装冲突情况下保护文化财产公约》及其议定书。此后，又有

殷墟出土文物

殷墟

很多类似的公约出台。虽然现在文物保护有法律上的依据，但从数量上讲，能够归还的文物和事实上归还的，只是流失文物中很少的一部分。

巴黎罗浮宫博物馆内收藏了大量殷墟甲骨

2002年12月9日，大不列颠博物馆、巴黎罗浮宫博物馆等十九家欧美博物馆、研究所联合发表《关于环球博物馆的重要性和价值的声明》，反对将艺术品特别是古代文物归还原属国。《声明》称：长期以来，这些获得的物品，不管是通过购买还是礼品交换等方式，已经成为保管这些文物的博物馆的一部分，并且延伸为收藏这些物品的国家

流失的殷墟国宝

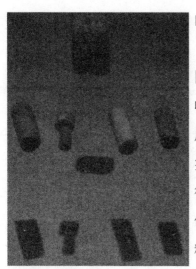
殷墟出土文物

的一部分。

此外，他们还从法律角度，认为占有国目前所占有的文物是合法的，各种文物收藏机构均无权让其归还他们的藏品。其原因在于文物占有国有足够的经济和技术实力保护文物，而文物的原所有国则不能很好地予以保护；他们还认为文物不仅是创造国的历史遗产，更是全人类的文化和精神遗产，文物占有国现在有发达的科学和研究能力，使得这些文物更好地为全人类服务。这种强盗逻辑在西方很有市场。中国追索文物的归还是很艰难的，除了上面提到的那些人为障碍之外，还有几个方面的因素：一是法律上的，有些国家不参加返还公约；二是文物档案方面，这个文物是什么时候流失的，流传经过如何，我们在这方面掌握的资料太少；三是当前的文物走私，非法买卖活动比较猖獗。

也许，众多的海外遗珍，还会在其目前的栖身地继续耐心等待回家的日子；而我们还要为重新聚拢这些散落的国宝付出艰辛的努力。